Fernab in einer wenig erschlossenen ländlichen Gegend im Südwesten Frankreichs, auf dem Weg von einer bezaubernden alten Stadt mit einer uralten Kathedrale zu den geheimnisvollen Pyrenäen, die immer wieder ganz unerwartet wie eine Fata Morgana am Horizont auftauchen, kommt man an einen kleinen Ort, der aus zwei Häusern, einer Kirche aus dem elften Jahrhundert und einem ganz besonderen Bauernhof besteht.

Das ist Pistoulet – ein verschwiegenes Paradies mit magischen Kräften. In und um Pistoulet herum leben außergewöhnliche Geschöpfe. Alle, die schon einmal in Pistoulet waren, wissen eine Geschichte zu erzählen, die sich während ihres Besuchs auf diesem Hof zugetragen hat. Wer länger in Pistoulet verweilt, verläßt diesen Ort verwandelt.

Manche gehen nie fort.

Im Frühling traf Mademoiselle J. in Pistoulet ein, um sich zu erholen. Sie war abgespannt, verletzt und hatte das Lächeln verlernt. Vom ersten Augenblick an war Mademoiselle J. entzückt von der Schönheit des Ortes. Sie empfand einen inneren Frieden wie schon lange nicht mehr, denn in Pistoulet sind die Bäume grüner als anderswo, und so viele Blumen wie dort hatte sie noch nie gesehen. An den Rebstöcken hängen riesige Weintrauben, und die Früchte im Obstgarten sind die süßesten auf der Welt. Ganz gewiß liegt ein tiefes Glücksgefühl über dem Ort, das Balsam für die Seele ist. Mademoiselle J. war flüchtig versucht zu lächeln.

Das Gebäude selbst macht einen einladenden Eindruck. Wer diesen Anblick einmal in sich aufgenommen hat, vergißt ihn nie wieder. Man muß einfach hineingehen.

Monsieur Simon, der Besitzer von Pistoulet, lebt in Übersee. Er ist ein ungewöhnlicher Mann, der die Welt klarer sieht als manch anderer. Er ist viel in der Welt herumgekommen und besitzt eine ausgezeichnete Menschenkenntnis.

Niemand weiß es genau, aber es heißt, Monsieur Simon habe die ländlichen Gegenden Frankreichs regelrecht nach dem Hof Pistoulet abgesucht, nachdem er die originelle Geschichte von »Le Trésor« und den Hunden, die den Mond anbellen, vernommen hatte.

Er kaufte Pistoulet und steckte seine ganze Liebe in diesen zauberhaften Ort. Dank seiner Phantasie und seiner Großherzigkeit blüht und gedeiht Pistoulet auch weiterhin. Obwohl er nur selten persönlich in Pistoulet weilt, hat man stets das Gefühl, er sei gegenwärtig.

Erholungsbedürftige Freunde von Monsieur Simon, die sich für kurze Zeit nach Pistoulet zurückziehen, werden von allen Bewohnern Pistoulets in Empfang genommen: von Madame Claude und Monsieur André, von Marcel, einem großen schwarzen Hund mit gutmütigem Gesicht, und von einem höchst eigenartigen Huhn, das goldene Eier legt. Aus allen Winkeln schauen ungewöhnliche Geschöpfe den Gästen entgegen. Frösche und Kröten, die man nicht sieht, stimmen ihren unüberhörbaren Gesang an. Und dann gibt es da noch einen alleinstehenden Schlawiner, der immer wieder in unregelmäßigen Abständen auftaucht.

Madame Claude ist eine große, stattliche Frau. Sie hat ein hübsches, rosiges Gesicht und die Stimme eines Singvogels. Wie ein guter Geist schwebt sie durch Pistoulet und verbreitet gute Laune und Freude. Ihr Lebenszweck ist das sinnliche Vergnügen, den vielen Glückspilzen, die auf Pistoulet Urlaub machen dürfen, himmlische Mahlzeiten zu bereiten und zu servieren.

Ihr Mann, Monsieur André, sieht aus wie Hemingway, und sein tiefes Lachen ist weit zu hören. Musik liebt er über alles, vor allem dann, wenn durch Pistoulet die Düfte aus Madame Claudes Küche ziehen. Monsieur André füllt die Luft mit überirdischen Klängen, die so wunderschön sind, daß den Gästen Tränen der Ehrfurcht in die Augen steigen.

Monsieur und Madame kamen nach Pistoulet, nachdem ihr Haus einem furchtbaren Feuer zum Opfer gefallen war und sie sich auf die Suche nach einem Ort begeben hatten, den sie mit ihrem Mitgefühl und ihrer Freundlichkeit anfüllen konnten. Monsieur Simon erkannte ihre außergewöhnlichen Qualitäten und stellte sie ein. Während er in die Welt hinauszog und seine abenteuerlichen Reisen über ferne Kontinente fortsetzte, hüteten Madame Claude und Monsieur André den Hof. Sie bewundern Monsieur Simon und stecken die Liebe und Zuneigung, die sie für ihn empfinden, in Pistoulet.

Am ersten Morgen ihres Aufenthaltes in Pistoulet stand Mademoiselle J. in aller Frühe auf. Staunend betrachtete sie die wunderschöne Umgebung und konnte ihr Glück kaum fassen.

Monsieur André und Madame Claude hatten Mademoiselle J. gleich nach ihrer Ankunft auf das reichhaltige Angebot der Bauern auf den täglichen Märkten aufmerksam gemacht. So holte sie sich kurzerhand einen Korb und fuhr mit dem Rad auf den Bauernmarkt einer nahegelegenen Ortschaft. Dort schwelgte sie in der Vielfalt und Schönheit der Erzeugnisse und in der Pracht der verschiedenen Käsesorten. Sie füllte ihren Korb mit den dunkelsten Auberginen, herrlich roten, reifen Tomaten, duftendem Knoblauch, einem knusprigen Bauernbrot und einem Stück Käse aus der Region und radelte nach Pistoulet zurück. Sie genoß die Landschaft und freute sich auf ein köstliches Frühstück.

Mancher Leser ist vielleicht der Meinung, ihre Leidenschaft fürs Essen sei ein wenig übertrieben.

Als sie wieder zum Hof zurückkehrte, waren Madame Claude und Monsieur André gerade damit beschäftigt, eine Mahlzeit für die neuen Gäste zuzubereiten. Sie stellte ihren Korb auf den großen Holztisch und fragte, ob sie beim Kochen behilflich sein könne.

Mademoiselle J. wußte nicht, daß Madame Claude und Monsieur André die seelischen Leiden eines jeden Erholungsbedürftigen herauszufinden versuchten. Sie stellten keine eindeutigen Fragen; sie hatten diese Dinge im Gefühl.

Zunächst führten sie den Gast in einen der vielen zauberhaften Räume, wo er sich ausruhen konnte. Anschließend bereiteten sie eine Suppe, die speziell darauf zugeschnitten war, längst vergessene Gefühle wiederaufzuwecken.

Der erste, frisch eingetroffene, erholungsbedürftige Gast, der Madame Claude und Monsieur André zu einem Spezialgericht inspirierte, war ein überaus talentierter Musiker, der sich wunderbar in Tönen auszudrücken vermochte, sonst aber nicht imstande war, lauter als im Flüsterton zu reden. Die Musik dieses freundlichen Mannes zeigte, daß er viele wunderbare Gedanken hatte, die durchaus auch für andere Menschen auf dieser Welt von Nutzen hätten sein können.

Deshalb sprach Madame Claude mit Monsieur André und schlug eine besondere Suppe vor, die dem Schweigsamen helfen sollte, freier zu reden. Auch Monsieur André war davon überzeugt, daß diese besondere Suppe ihren Zweck erfüllen würde.

Mademoiselle J. hatte noch nie von einer Suppe dieser Art gehört und wollte sich Notizen dazu machen. Bei genauem Hinsehen stellte sie fest, daß Monsieur André und Madame Claude Gewürze aus einem alten Holzkasten verwendeten, der mit einem drehbaren Deckel verschlossen war. Als der Kasten wieder auf dem Tisch stand, sah Mademoiselle J., daß in den blaßblauen, abgegriffenen Deckel ein Stern geschnitzt war.

Wer den Mund aufmacht, sollte sicher sein, daß er die Wahrheit spricht.

Die Plaudersuppe wurde an jenem Abend allen Gästen gereicht. Allerdings erzielen Zaubermittel in der Regel bei dem Leidenden selbst die größte Wirkung. Und so war es auch: Nach dem zweiten Gang begann der Schweigsame zu reden. Zur Überraschung aller Anwesenden erörterte er komplizierte Ideen über Musik auf französisch, nicht in seiner Muttersprache. Dabei hatte er noch nie im Leben französisch gesprochen. Seine liebevolle Begleiterin war so erstaunt, daß es ihr die Sprache verschlug … jedoch nur vorübergehend.

Um den nächsten Gast, eine frischgebackene Mutter von Zwillingen, hatten sich Madame Claude und Monsieur André große Sorgen gemacht. Sie schaffte es nur selten, zu den Mahlzeiten an den Tisch zu kommen. Diese Mutter hatte sich mit Leib und Seele ihren Kindern verschrieben, ohne an sich selbst zu denken. Und doch fürchtete sie, das sei immer noch nicht genug.

Bei ihrem Versuch, die beste Mutter aller Zeiten zu sein, hatte sie sich völlig verausgabt. Aufgrund ihrer Erschöpfung war es ihr zuweilen nicht möglich gewesen, morgens das Bett zu verlassen. Ihr Mann, der sie von Herzen liebte, schlug vor, sie solle sich eine Verschnaufpause gönnen, um wieder zu Kräften zu kommen. Sie wollte ihre Zwillinge nicht allein lassen, aber der Vater bestand darauf und schrieb an seinen alten Freund Monsieur Simon, um mit ihm für seine Frau einen Aufenthalt in Pistoulet zu vereinbaren.

Laß die Sonne im Herzen auf-
und in der Seele untergehen.

Während die Zwillinge von ihrem Vater, der sie abgöttisch liebte, gut versorgt wurden, traf die frischgebackene Mutter in Pistoulet ein.

Mademoiselle J. spitzte die Ohren, als Madame Claude und Monsieur André ihre Köpfe zusammensteckten und zu dem Ergebnis gelangten, die Mutter der Zwillinge brauchte eine Suppe, die die Lebensgeister weckt, und eine zweite zur körperlichen Stärkung.

Während Madame Claude mit viel Hingabe und kulinarischer Finesse ihre Suppe zubereitete, begann Monsieur André, die Zutaten für ein stärkendes Mittel zusammenzustellen. Er unternahm eine Tagesreise nach Spanien ans Meer, denn dort gab es bei den stärksten Fischern die besten Zutaten für die Kraftbrühe. Da Madame Claude allein sein würde, bot Mademoiselle ihre Hilfe bei der Zubereitung der Suppe an.

Die erschöpfte Zwillingsmutter kam an diesem Abend wieder nicht zum Essen an den Tisch in der Weinlaube. Deshalb bereitete Madame Claude ein Tablett vor, das Mademoiselle ihr ans Bett trug. Die frischgebackene Zwillingsmutter, die kaum in der Lage war, sich aufzurichten, begann die Suppe langsam zu schlürfen. Sofort kam Farbe in ihr Gesicht. Sie beschloß aufzustehen, sich anzuziehen und den Rest der Mahlzeit mit den anderen gemeinsam einzunehmen.

In einer farbenprächtigen, ungewöhnlichen Aufmachung, mit Schmuck behängt und mit einem Turban aus buntem Tuch um den Kopf, setzte sie sich an den Tisch und begann munter zu plaudern. Obwohl die anderen Gäste die Zigeunerkleidung für eine Mutter von kleinen Zwillingen ein wenig sonderbar fanden, waren

sie froh, daß ihre Lebensgeister wieder geweckt waren.

Monsieur André kehrte mit den feinsten Zutaten der ganzen Atlantikküste von seiner Reise zurück. Dazu gehörten die größten Miesmuscheln, die man sich vorstellen kann. Er war so angetan von seinem Fund, daß er beschloß, eine Riesenportion zu kochen und noch andere Gäste aus Nachbarorten einzuladen.

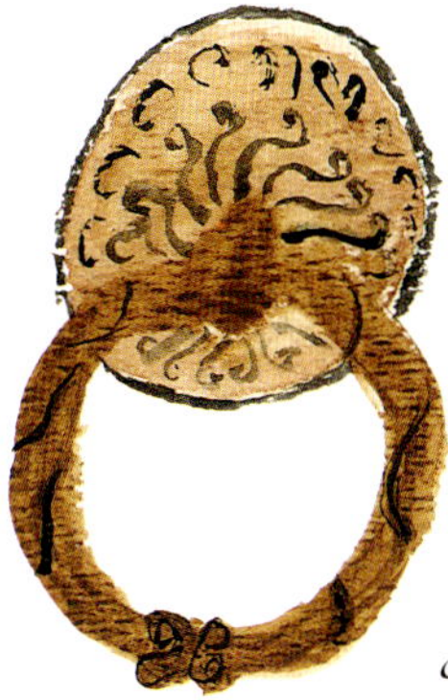

Zu den häufigen Besuchern auf Pistoulet gehörten Herr und Frau M., ein britisches Ehepaar, das einen Großteil seines Lebens in Kenia verbracht hatte. Nachdem sie Monsieur Simon auf einer seiner Abenteuerreisen kennengelernt hatten, wollten sie Pistoulet unbedingt einmal einen Besuch abstatten. Die Schönheit dieses zauberhaften Paradieses hatte es ihnen gleich angetan, und sie beschlossen, im sieben Kilometer entfernten Nachbarort ihr Domizil aufzuschlagen.

Herr und Frau M. kauften eine ehemals vornehme, tausend Jahre alte Villa und machten sich sofort an die Arbeit, sie wohnlich zu gestalten. Da ihnen die Gangart des französischen Landlebens ebensowenig vertraut war wie die Finessen des mittelalterlichen Zimmerhandwerks, waren sie regelmäßig erschöpft und zu kraftlos, um weiter an ihrem tausendjährigen Haus zu arbeiten.

Monsieur André kannte die Erschöpfungszustände der beiden, deshalb ging er davon aus, daß seine Kraftbrühe ihnen helfen würde.

*Stark ist die Hand, die die Seele hebt.*

Herr und Frau M. wurden zum Essen in die Weinlaube eingeladen, die frischgebackene Zwillingsmutter und die anderen erholungsbedürftigen Gäste ebenfalls. Stolz reichte Monsieur André seine Kraftbrühe. Die Zwillingsmutter aß die Suppe mit Hochgenuß. Herr und Frau M. aßen langsam und mit Bedacht.

Monsieur André war ein wenig in Sorge, als seine Brühe keine sichtbare Wirkung zeigte. Doch als die Mahlzeit sich dem Ende näherte, verkündeten Herr und Frau M., sie hätten Lust, die sieben Kilometer zu ihrem tausendjährigen Haus mit dem Rad zurückzulegen. Also hatte die Suppe eine Wirkung gehabt.

Herr und Frau M. waren noch nie zuvor auf die Idee gekommen, eine solche Entfernung mit dem Rad zurückzulegen. In der Scheune stöberte Monsieur André zwei Fahrräder auf. Nachdem das Ehepaar sich von allen verabschiedet hatte, machte es sich mit Begeisterung auf den Heimweg. Erst vor kurzem erzählte man sich im Dorf, Herr und Frau M. hätten die Renovierung ihres tausendjährigen Hauses fertiggestellt. Darüber hinaus habe man des öfteren gesehen, wie sie mit dem Rad über Land fuhren. Auch die frischgebackene Zwillingsmutter war wieder zu Kräften gekommen. Da sie Heimweh nach ihren Kindern hatte, nahm sie ihr Gepäck in die Hand und machte sich zu Fuß auf den weiten Weg zum Flugplatz.

Nun, da alle erholungsbedürftigen Gäste wiederhergestellt und nach Hause zurückgekehrt waren, wurde Mademoiselle J. erneut traurig. Auch sie brauchte Erholung – sie litt unter der Witterung, wie man zuweilen sagt. Besorgt registrierte Madame Claude, wie matt Mademoiselle J. war, und sie fand, es sei an der Zeit, eine tröstende Suppe fürs Herz zuzubereiten.

Madame Claude hatte beobachtet, daß Mademoiselle sich zwar gern der Sorgen anderer annahm, daß es ihr jedoch schwerfiel, selbst Fürsorge anzunehmen. Daher hielt sie den eigentlichen Grund für die Zubereitung der Suppe vor ihr verborgen und behauptete, sie sei für Monsieur André bestimmt. Sie bat Mademoiselle J., die Suppe mit ihnen gemeinsam in der Weinlaube einzunehmen.

Mitgefühl nährt das mutlose Herz.

Schweigend aß Mademoiselle J.
in der Weinlaube die Suppe
fürs Herz.

Nachdem sie ihren Teller leer gegessen hatte, entschuldigte sie sich und ging zu Bett. Kaum hatte Mademoiselle ihr Haupt auf das Kissen gelegt, sank sie in einen leichten Schlummer. Mit einem Mal stand sie in einem herrlichen Rosenfeld, das ringsum von einer endlosen Rosmarinhecke umgeben war. Das Bild verblaßte, und sie fiel in einen tiefen Schlaf.

Im Traum grüßten sie zwei Herren aus einem großen, bunten Heißluftballon. Sie baten Mademoiselle J., zu ihnen in den großen Korb zu steigen. Mademoiselle war noch nie in einem Ballon gewesen, also ließ sie sich auf das Wagnis ein. Die beiden Herren steuerten den Ballon, es gab eine große Flamme, und der Ballon erhob sich in die Lüfte. Aus der Ferne vernahm Mademoiselle J. Hundegebell. Sie schaute nach oben und sah zu ihrer Überraschung einen Jungen auf dem Mond sitzen. Wie war das möglich? Weiter ging die Fahrt über die hügelige französische Landschaft. Langsam schwebten sie über ein Feld, das beinahe hohl wirkte. Mademoiselle hörte ihre Gedanken, was ihr höchst eigenartig vorkam. Mächtige, grüne Bäume zogen unter ihnen dahin, deren Laub so dicht war, daß man nicht hindurchsehen konnte.

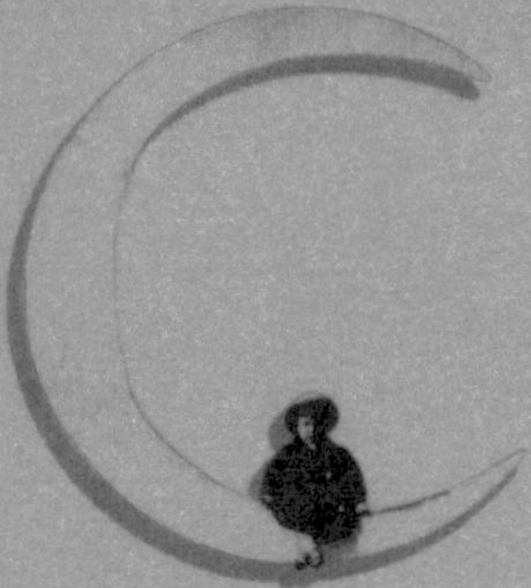

Hinter dem Wald tauchte ein Feld aus leuchtendem Gelb auf, das sie fast blendete. An einer Stelle glaubte sie eine Frau in einem langen Kleid zu sehen, die ihr zuwinkte. Sie wollte näher an die Frau herankommen. Als der Ballon zur Erde sank, erschrak Mademoiselle vor dem lauten Röhren der Flammen und wachte auf. Wie das bei Träumen so ist, behielt sie ihn nur kurze Zeit in Erinnerung und vergaß ihn dann.

Am nächsten Morgen fühlte sich Mademoiselle J. erfrischt und beschloß, einen kurzen Spaziergang zu machen. Im Nachbarort kam sie an ein hochherrschaftliches, von Mauern umgebenes Haus. Sie war schon oft an diesem Haus vorbeigegangen, hatte aber noch nie ein Lebenszeichen entdeckt. An diesem Tag erschien ein äußerst eleganter, feiner älterer Herr mit schlohweißem Haar am Tor. Er stellte sich als Monsieur Daniel vor und lud Mademoiselle J. ein, hereinzukommen und mit ihm und seiner Tochter Nathalie ein Glas Champagner zu trinken. Sie wechselten ein paar höfliche Worte und erzählten von fernen Ländern. Mademoiselle J. horchte auf, als Monsieur Daniel ihr von einer Frau erzählte, die vor vielen Jahren auf Pistoulet gelebt hatte. Er zeigte ihr eine alte

Fotografie, auf der eine Frau in einem langen geblümten Kleid abgebildet war, die ein Band im Haar trug, und sagte, er sei sich nicht sicher, ob es sich um die Frau von Pistoulet handelte. Mademoiselle J. betrachtete das Bild mit Interesse. Irgendwie fühlte sie sich zu dieser Frau auf dem Fahrrad hingezogen. Sie kam ihr bekannt vor, allerdings schien es unwahrscheinlich, daß sie sich jemals zuvor begegnet waren.

Zum Abschied küßte man sich auf die Wangen. Mademoiselle J. stand schon in der Tür, als Nathalie zu ihr trat und sie nach Paris einlud. Sie habe eine Wohnung über den Dächern von Notre Dame und ganz in ihrer Nähe gebe es das beste Eis der Welt.

Mademoiselle J. liebt Eiscreme über alles.

Unter dem Eindruck der unwirklichen Begegnung mit dem eleganten Monsieur Daniel und seiner bezaubernden Tochter Nathalie dachte Mademoiselle J. Tag und Nacht an das vertraute Foto. Sie begann, sich bei Leuten in der Umgebung zu erkundigen. Obwohl die Geschichten sehr unterschiedlich ausfielen, handelten alle übereinstimmend von einer geheimnisvollen Frau, die mit ihren magischen Kräften in der Lage war, die Seelen derjenigen, die sich verirrt hatten, zu trösten und zu heilen. Einige behaupteten, sie habe sich auf Pistoulet aufgehalten, nachdem ihre große Liebe sie verlassen hatte. Aber niemand wußte es genau.

Mademoiselle J. war äußerst verblüfft.

In der Hoffnung, sich vom Gedanken an die rätselhafte Frau abzulenken, ging Mademoiselle J. in die Küche, um Madame Claude und Monsieur André zu helfen. Sie waren gerade dabei, sich mit den Problemen des alleinstehenden Schlawiners zu befassen, der in unregelmäßigen Abständen ein- und ausging. Meistens tauchte er zur Essenszeit auf.

Dieser große, schlanke Herr mit olivfarbenem Teint und klassischem Profil litt an einer Reihe seelischer Beschwerden, aber Madame Claude und Monsieur André waren sich einig, daß sie sich auf eine konzentrieren wollten, die sie für die gravierendste hielten: Der Herr hatte seit längerem keine echte Romanze mehr erlebt.

Mademoiselle J., die allmählich Einsicht in den Zauber der Kochkünste ihrer Gastgeber gewann, schaute sehr genau zu,

während sie Madame Claude und Monsieur André bei der Zubereitung dieser besonders kräftigen Suppe zur Hand ging.

## Suppe der Leidenschaft

hteln Sie 750 g Fleischtomaten. Geben Sie 1 Teelöffel getrockneten
ian und einige Sellerieblätter dazu. Kochen Sie alle diese Zutate
nuten bei schwacher Hitze in einem ¾ Liter Wasser, danac

Eine Wahl aus Leidenschaft
hat tiefgreifende Folgen.

An diesem Abend setzten sich die erholungsbedürftigen Gäste in der Weinlaube zum Essen an den Tisch. Zum Glück kam auch der alleinstehende Schlawiner vorbei. Mademoiselle J. reichte allen Gästen die Suppe. Dazu gab es Himmlische Croutons, die bekanntlich die Zauberkraft jeder Suppe verstärken.

# Himmlische Croutons

Am besten unter Sternschnuppen zubereiten

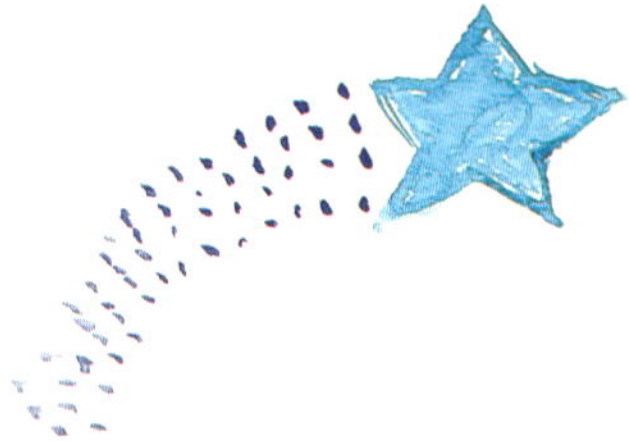

Sammeln Sie altbackenes Brot von den einfühlsamsten Bäkkern, die nur das allerfeinste Vollkornmehl verwenden, entrinden Sie es, und schneiden Sie es in ansprechende Formen, zum Beispiel in Sterne, Dreiecke und Halbmonde. Aus einem sonnendurchfluteten Beet nehmen Sie die würzigsten Kräuter. Zu empfehlen sind Oregano, Rosmarin und Thymian. In einer großen, gußeisernen Pfanne rösten Sie viele aromatische Knoblauchzehen in feinster Butter. Fügen Sie die Brotstückchen unter Umrühren zu, und schütteln Sie die Pfanne gelegentlich. Anschließend geben Sie die frischen Kräuter und eine Prise Meersalz dazu. Das Ganze wird sorgfältig vermengt. Die Croutons sind fertig, wenn alle Welt in die Küche kommt, um nachzufragen, was denn da so himmlisch duftet.

**Achtung:** verstärkt die Zauberkraft!

Die Suppe verfehlte ihre Wirkung bei dem alleinstehenden Schlawiner nicht. Er ließ seinen Teller häufiger nachfüllen als sonst und aß so viele Croutons zu seiner Suppe, als hätte er ewig nichts zu essen bekommen.

Als auch der letzte Rest der Suppe verzehrt und keine Croutons mehr übrig waren, blühte der alleinstehende Schlawiner förmlich auf. Mit hochrotem Kopf und heftigem Herzklopfen fiel er vor Mademoiselle J. auf die Knie und machte ihr spontan einen Heiratsantrag. Sie war daraufhin ziemlich fassungslos und lehnte seinen Antrag, wie nicht anders zu erwarten war, auf liebenswürdige Weise ab.

Der alleinstehende Schlawiner verzweifelte nicht. Ihm fiel plötzlich ein, daß er eine Frau liebte, die er vor sehr langer Zeit kennengelernt hatte. Augenzwinkernd und beschwingten Schrittes machte er sich auf, um nach Italien zu reisen, wo er seine große Liebe heiratete. Es heißt, der Verbindung sei ein liebenswertes Kind entsprungen.

Nach dem Zwischenspiel mit dem alleinstehenden Schlawiner wanderten Mademoiselle J.'s Gedanken von neuem zu der Frau auf dem Fahrrad, die sie auf der Fotografie gesehen hatte.

Tagelang durchstöberte sie den Hof und versuchte dem Geheimnis der Frau auf die Spur zu kommen. In der Bibliothek von Pistoulet stieß sie zufällig auf kleine Gedichte und Erzählungen, die ihr bekannt vorkamen. Aber warum? Hatte sie die Werke vielleicht schon im Traum gelesen? Sie fand keine rechte Antwort

auf ihre Fragen. Als sie das nächste Buch aus dem Regal zog, fiel ein Kartenspiel zu Boden. Die Karten waren ihr fremd. Interessiert schaute sie sich die schönen, geheimnisvollen Bilder an. Merkwürdig, jetzt, da sie die Karten in der Hand hielt, hatte sie das eigenartige Gefühl, sowohl die Vergangenheit als auch die Zukunft zu spüren. Hier geschah etwas Unfaßbares, und Mademoiselle J. verließ auf schnellstem Wege den Raum.

DIE GESICHTER DES WOHLSTANDS

AUS DER ERDE KOMMT NAHRUNG FÜR UNSERE SEELE

DAS KIND IST DER VATER DES MANNES

Mademoiselle J. fühlte sich nicht wohl. Sie war völlig verstört und beschloß, allein eine Suppe zu kochen, die sie Madame Claude und Monsieur André reichen wollte, in der Hoffnung, auf diesem Wege Klarheit und Einsicht zu gewinnen. Sie öffnete den alten blaßblauen Holzkasten und war von dem Duft, der ihr entgegenströmte, überwältigt. Sie wählte ein Sellerieblatt aus, das sie der Suppe beifügte.

Am Abend reichte Mademoiselle J. in der Weinlaube Madame Claude und Monsieur André die Suppe, die sie selbst gekocht hatte.

Geistige Klarheit ist ein
Moment der Gnade.

Bei vielen Gläsern Wein erzählte sie Madame Claude und Monsieur André von ihrer unwirklichen Begegnung in der hochherrschaftlichen Villa im Nachbarort. Die Einladung nach Paris erwähnte sie ebensowenig wie die Tatsache, daß sie mit dem Gedanken spielte, das beste Eis der Welt zu kosten. Von der Fotografie indessen berichtete sie ausführlich.

Madame Claude und Monsieur André räumten ein, daß auch sie von der rätselhaften Frau auf Pistoulet gehört hatten. Während des Gesprächs fiel ihnen ein, daß sie in einer Küchenschublade einmal einen Brief gefunden hatten, der vermutlich an diese Frau gerichtet war. Madame Claude ging ins Haus und kramte in allen Schubladen, bis sie den Brief gefunden hatte, den sie Mademoiselle J. überreichte. Monsieur André las den in französischer Sprache verfaßten Brief für Mademoiselle J. laut vor und übersetzte ihn für sie.

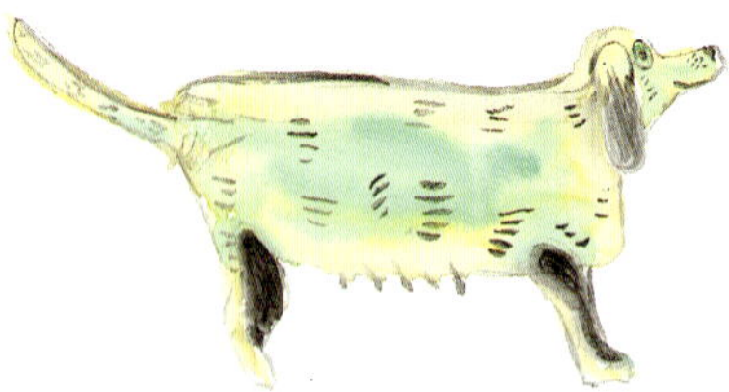

Barriot

Verehrtes Fräulein,
da ich von Ihrer Güte gehört habe, möchte ich mich heute mit der Bitte an Sie wenden, uns zu helfen. Wenn ich »wir« sage, meine ich meine beiden Hunde; einen großen, friedlichen und gutmütigen Neufundländer und einen kleinen, mutigen Pyrenäenhund, vertrauensselig und stets wachsam, denn er liebt es, den Beschützer zu spielen.

Wir leben hoch oben auf einem kleinen Berg mitten in einem Eichenwald. Eines Morgens, als die Sonne ihr sanftes Licht verbreitete und der Himmel in strahlendem Blau leuchtete, fingen meine Hunde unaufhörlich an zu bellen. Um nachzusehen, was sie so erregte, lief ich aus dem Haus.

Am Himmel über mir schwebte ein riesengroßer Heißluftballon. Er war offenbar in Schwierigkeiten geraten, denn er benötigte immer wieder heiße Luft von hohen Flammen, die ein schreckliches, röhrendes Geräusch verursachten.

Es war ein wunderschönes und zugleich beeindruckendes Schauspiel.

Die Hunde verfolgten den Ballon und hörten nicht auf, wie verrückt zu bellen. Ich sah noch, wie sie im Dickicht des Eichenwaldes verschwanden: hoch über den Wipfeln der Bäume der Ballon, die Hunde in fliegender Hast hinterher. Kurz darauf kehrten beide vollkommen erschöpft zurück.

Seitdem werfen sie ständig verängstigte Blicke in den Himmel und bellen Abend für Abend den Mond an. Sie haben nun tatsächlich Angst vor dem Mond!

Wie kann ich ihnen nur helfen? Sie sollen ihre ruhige, friedliche Natur wiedererlangen.

Ich vertraue auf Ihr Wissen und grüße Sie herzlich,

Ihre Comtesse du Barry

Mademoiselle J. war von dem Brief berührt. Sie hatte das seltsame Gefühl, das alles schon erlebt zu haben, als hätte sie die Ereignisse schon einmal geträumt.

Mademoiselle J. war ihren beiden Gastgebern für ihr Mitgefühl und ihre Güte zu tiefstem Dank verpflichtet und beschloß, als Ausdruck dieser Dankbarkeit ihren Lieblingskuchen zu backen. Lange nachdem Madame Claude und Monsieur André zu Bett gegangen waren, schlich Mademoiselle J. in die Küche, um den Kuchen zu backen. Sie ließ ihn auf dem Tisch stehen, damit die beiden ihn am nächsten Morgen dort fanden.

## Freundschaftskuchen

Kann nur von Menschen genossen werden, die an magische Verbindungen glauben.

Stellen Sie aus 150 g weicher Butter, 4 Eigelb und 200 g Zucker eine Schaummasse her. Rühren Sie die geriebene Schale 1 Zitrone, 200 g geschälte und geriebene Mandeln von einem uralten Mandelbaum und 3 Eßlöffel Arrak unter. Mischen Sie 280 g Mehl mit 2½ Teelöffeln Backpulver, und rühren Sie es mit ein wenig Milch, je nach Bedarf 2-4 Eßlöffel, unter die Mandelmasse. Schlagen Sie aus den 4 Eiweiß einen sehr steifen Schnee, und ziehen Sie ihn unter den Teig. Die ganze Masse geben Sie in eine gebutterte und gemehlte Kastenform mittlerer Größe und backen den Kuchen bei 180-190 Grad eine ¾-1 Stunde. Soll die Freundschaft ganz besonders innig werden, kann der Kuchen mit Aprikosenmarmelade, die aus den süßesten Früchten gekocht sein muß, überzogen werden.

**Achtung:** Setzen Sie den Kuchen nur den Menschen vor, mit denen Sie ein Leben lang verbunden sein wollen. Einmal gebacken, kann er nie wieder aufgetragen werden.

Als Mademoiselle J. an jenem Abend schließlich zu Bett ging, fand sie ein kleines Seidentäschchen, an dem ein Kärtchen hing ...

Crocus.
O. ARSON.
Saffron.

Langsam und mit großer Sorgfalt öffnete Mademoiselle J. das Täschchen. Sie fand einen rostigen alten Schlüssel und eine Landkarte, die sie sogleich ausbreitete. Sie sah, daß es eine Skizze von Pistoulet war, in der alle besonderen Punkte eingetragen waren, einschließlich »Le Trésor«, dem Ort, an dem Geheimnisse gehütet werden.

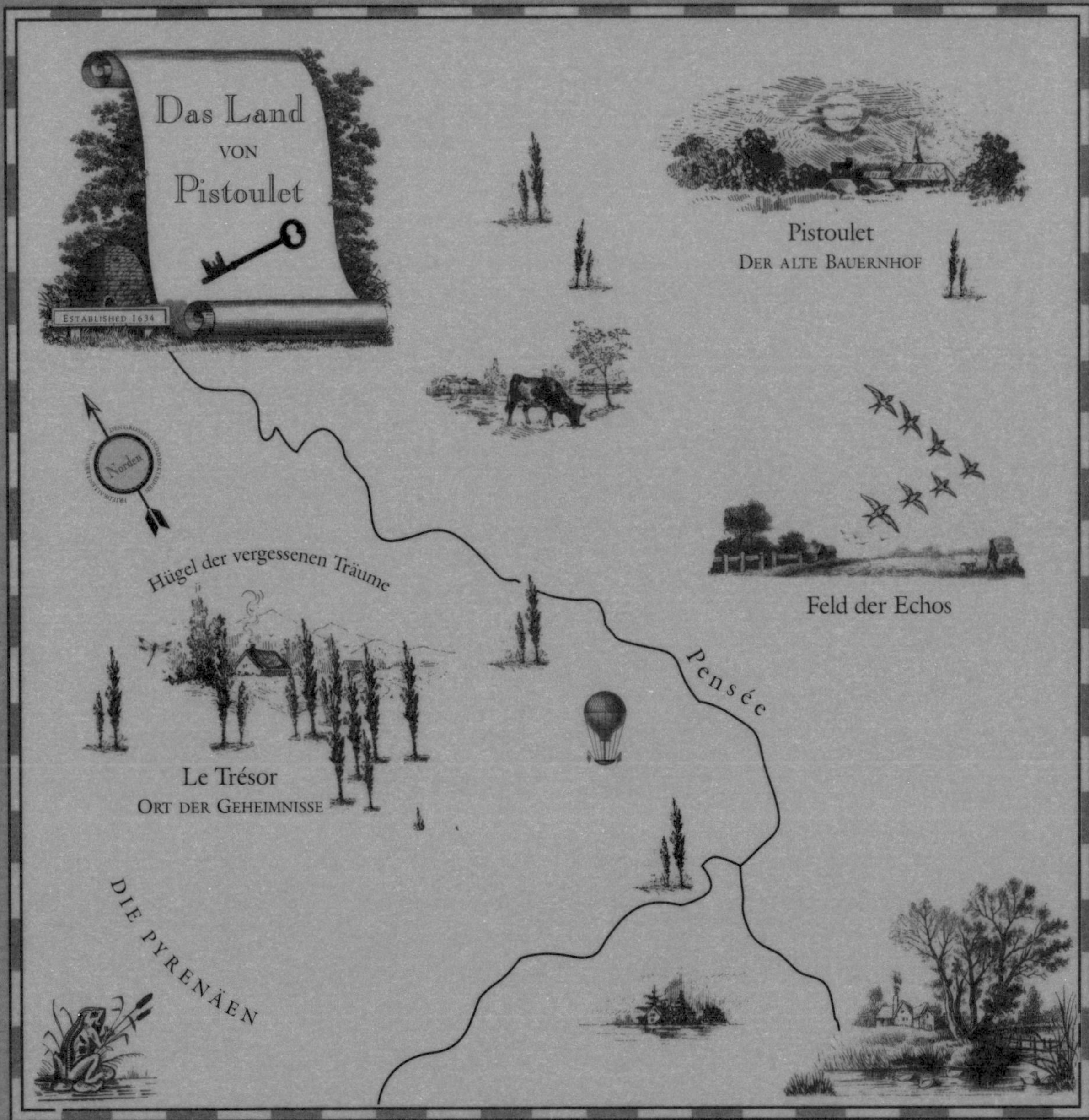
Das Land
VON
Pistoulet
Established 1634
Norden
Pistoulet
Der alte Bauernhof
Feld der Echos
Hügel der vergessenen Träume
Pensée
Le Trésor
Ort der Geheimnisse
Die Pyrenäen

Das Land
von
Pistoulet
Pistoulet
Der alte Bauernhof
Feld der Echos
Hügel der vergessenen Träume
Pensée
Le Trésor
Ort der Geheimnisse
Die Pyrenäen

Sie ging zu Bett und dachte über das Geheimnis von »Le Trésor« nach. Was mochte es sein? Gegen Morgen gelangte sie zu der Erkenntnis, daß Madame Claude und Monsieur André davon ausgingen, daß sie sich auf die Suche nach »Le Trésor« begab.

Am darauffolgenden Morgen stand sie früh auf und machte sich auf den Weg. Sie durchquerte den Garten von Pistoulet, stieg über den Hügel hinter dem Haus und gelangte auf eine Wiese, auf der sandbraune Kühe weideten. Sie wandte sich nach links, wo eine fast weiße Kuh stand. Sie kroch unter dem Zaun durch und folgte dem Pfad der singenden Frösche zu einem Feld voller Wildblumen, deren Duft so berauschend war, daß sie sich eine Zeitlang mitten hinein setzte.

Dann kam sie in einen Wald. Durch das dichte Laub der hohen Baumkronen drang kein einziger Sonnenstrahl. Plötzlich öffnete sich der Wald und gab den Blick über ein unglaublich riesiges, prachtvolles Sonnenblumenfeld frei.

In der Ferne erblickte sie ein uraltes Steinhaus, das unter Bäumen und Ranken fast verschwand. Ohne den Blick davon abzuwenden, ging sie darauf zu. In den Stein über der alten Holztür waren die Worte »Liebe« und »Leben« eingemeißelt. Darunter befand sich eine rätselhafte Zeichnung, durch die Mademoiselle J. hindurchsehen konnte. Hinter der Tür erblickte sie einen kleinen Raum, in dem ein altes Buch auf einem Holztisch lag. Sie steckte den rostigen Schlüssel ins Schlüsselloch, drehte ihn herum und stieß die quietschende alte Tür auf.

Sie betrat einen märchenhaften, geheimnisvollen Raum, in dem viele alte Gefäße mit außergewöhnlichen Kräutern standen. Ihr Blick fiel auf ein hübsches Haarband. Es ähnelte dem Band, das die Frau auf der alten Fotografie trug. Mit klopfendem Herzen nahm Mademoiselle J. das Buch zur Hand. Die erste Seite las sie laut: »Die Erde schenkt uns ihre Gaben, damit wir unseren Körper erhalten. Wenn wir die Mahlzeiten mit Liebe zubereiten, nähren wir unsere Seele, und wenn wir das Essen liebevoll auftragen, wird uns Ganzheit zuteil.«

Das Buch enthielt Rezepturen, die der Pflege der menschlichen Seele dienten. Einem inneren Bedürfnis folgend, holte Mademoiselle J. ihr Tagebuch hervor und machte sich Notizen.

## Traumkissen

*Für alle, die ihre Träume verloren haben und ohne Kraft in den Tag leben.*

Am sechsten Tag nach Neumond mitten im Winter schneiden Sie so viele Misteln, daß Sie damit einen Beutel füllen können. Geben Sie acht, daß sie Ihnen nicht zu Boden fallen. Gehen Sie in einen geheimen Garten, und pflücken Sie die Blätter der schönsten Rose. Nehmen Sie dann einen duftenden Rosmarinzweig, und entfernen Sie die Blätter. Verteilen Sie Misteln, Rosmarin und Rosenblätter auf einem Stück Mull, und legen sie alles unter den kräftigen Strahlen der Wintersonne zum Trocknen aus. Wenn die Blätter gut ausgetrocknet sind, falten Sie das Seihtuch und nähen die Ränder zu, so daß ein kleines Duftkissen entsteht. Dieses Duftkissen legen Sie in ein Kopfkissen und befestigen es dort.

**Achtung:** Das Duftkissen ruft auf jeden Fall intensive Träume hervor, die häufig prophetische Eigenschaften haben!

## Mutmachertee

*Für alle zaghaften Geister, die Angst vor der eigenen Courage haben.*

Wenn im Sommer die Sonne hoch am Himmel steht und die sternförmigen, rosa Borretschblüten eine blaue Farbe annehmen, entfernen Sie die Blüten und die neuen Blättchen. Aus einem Bach, der aus den höchsten Bergen kommt und viele Meilen zurückgelegt hat, holen Sie kristallklares Wasser, das Sie zum Kochen bringen. Geben Sie die Borretschblüten und -blätter ins sprudelnde Wasser. Decken Sie den Topf ab, und lassen Sie den Sud so lange ziehen, bis sich die Zauberkraft der Blume mit dem Geist und der Kraft des Wassers verbunden hat.

**Achtung:** Nur wer wirklich in Not ist, sollte den Tee trinken. Der Aufguß hat erwiesenermaßen schon dazu geführt, daß lammfromme Gemüter wahren Löwenmut entwickelten. Richten Sie sich darauf ein, daß die Persönlichkeit vollkommen umgekrempelt wird.

# Trank, der das Herz öffnet

*Für alle, deren Herz eingetrocknet und verwelkt ist.*

Gehen Sie in einer blauen Mondscheinnacht zu einem Früchte tragenden Pfirsichbaum, unter dem einst Hexen tanzten. Das Gras unter dem Baum ist noch leicht plattgedrückt. Pflücken Sie nur die Früchte, die zwar reif, aber noch druckfest sind. Schälen Sie die Pfirsiche, 500-750 g, sorgfältig, entsteinen Sie sie, und schneiden Sie sie dann in dünne Scheiben. Bestreuen Sie die vorbereiteten Früchte mit wenig reinem, weißem Zucker, und lassen Sie sie dann 1-2 Stunden bei Zimmertemperatur ziehen. Gießen Sie danach ½ Flasche leichten Weißwein zu. Den Wein haben Sie zuvor bei einem ortsansässigen Weinbauern gekauft, der ein mitfühlendes Herz hat und die Weinlese mit Stolz ausübt. Lassen Sie die Pfirsiche im Wein noch einmal ½-1 Stunde ziehen. Unmittelbar vor dem Servieren gießen Sie den Trank mit weiteren 1½ Flaschen gut gekühltem Wein und 1-2 Flaschen Sekt auf.

**Achtung:** Schon nach dem ersten Schluck weitet sich das Herz des Betroffenen vor Mitgefühl und Großmut. Es gibt kein Zurück. Glücksgefühle sind eine häufig zu beobachtende Nebenwirkung.

# Seelentrost

*Nur für Menschen, die nichts mehr fühlen und ein seelenloses Leben führen, ohne es zu wissen.*

Versammeln Sie zur Zeit der Sommersonnenwende eine Gruppe fröhlicher Kinder zu einem mittäglichen Picknick unter einem riesigen Birnbaum. Bitten Sie die Kinder, die prächtigsten Früchte vom Baum zu pflücken. Spüren Sie ihre überschwengliche Freude beim Füllen des Korbes. Stimmen sie Lieder an.

Bereiten Sie die Früchte für das Kompott in Gegenwart einer alten Seele zu, deren Lebenserfahrung in ihrem Wesen zum Ausdruck kommt. Kochen Sie einen Sud aus ½ Liter kristallklarem Wasser, 60-100 g Zucker, dem Saft und der Schale 1 Zitrone, einem Stückchen Stangenzimt und etwas Ingwer. Waschen, schälen und halbieren Sie die Birnen; entfernen Sie Stiel, Blüte und Kernhaus der Früchte. Geben Sie die Früchte sofort in den kochenden Sud, und lassen Sie sie dann bei mäßiger Hitze, zugedeckt langsam gar ziehen. Servieren Sie den Seelentrost jeweils mit ½ frischen Feige. Am wirkungsvollsten ist der Seelentrost, wenn die fröhliche Kinderschar und die alte Seele zum Essen eingeladen werden.

**Achtung:** Es kann vorkommen, daß derjenige, dem das Kompott vorgesetzt wird, von Gefühlen übermannt wird. Zeigen Sie Geduld, denn derartige Gefühle sind diesem Menschen vielleicht ungewohnt, so daß ihm zunächst äußerst unbehaglich zumute ist. Am Ende jedoch bedankt er sich bei der Köchin.

## Geduldspenderin

*Für alle, die das Gefühl haben, Zeit regiere die Welt und das Leben gehe an ihnen vorüber. In der Regel klagen sie darüber, nicht in der Gegenwart leben zu können.*

Gehen Sie auf den Markt, und suchen Sie den Stand mit dem größten Stapel Zucchini, die der Bauer fein säuberlich aufgeschichtet hat. Wichtig ist, daß der Bauer ein Lächeln auf den Lippen trägt. Für die Geduldspenderin benötigen Sie 800 g Zucchini. Waschen, trocknen und würfeln Sie die von den Stengelansätzen befreiten Zucchini. Schneiden Sie 1 Zwiebel und 3 Knoblauchzehen in Würfel. Erhitzen Sie 2 Eßlöffel Olivenöl, und braten Sie darin

die Zucchini-, Zwiebel- und Knoblauchwürfel an. Gießen Sie das Gemüse mit ¼ Liter Hühnerbouillon auf, und lassen Sie alles bei schwacher Hitze 15 Minuten sacht kochen. Pürieren Sie die Suppe im Mixer. Dann geben Sie zu der Suppe 2 Eßlöffel Sherry fino und ⅛ Liter Sahne. Schmecken Sie die Suppe mit ½ Teelöffel Salz, einer Messerspitze frisch gemahlenem Pfeffer und einer Prise Muskat ab.

Wird die Suppe mit kurz in Butter angerösteten Kürbiskernen serviert, ist unermeßliche Geduld die Folge.

**Achtung:** Nur denjenigen zu reichen, die wirklich zu sich kommen wollen.

# Honigmilch gegen Verdrießlichkeit

Für alle, die kantig geworden sind.

Gehen Sie abends bei zunehmendem Mond, wenn die Blumen im hellen Licht leuchten, in einen geheimen Garten. Dort pflücken Sie Blütenblätter der allerschönsten, stark duftenden rosa und gelben Rosen, den betörendsten Lavendel und die Blätter der zartesten Veilchen. Suchen Sie ein eifrig summendes Bienenvolk, bieten Sie ihm die Blüten an, und bitten Sie um eine Tasse Honig für Ihr Rezept. Die Bienen werden Verständnis für Ihr Anliegen zeigen und großzügig sein. Geben Sie dann 1 Eßlöffel dieses Honigs zusammen mit 2 Eiswürfeln, ½ Banane, dem Saft ½ Zitrone, einigen Tropfen Angostura und ¼ Liter Milch in den Mixer, und quirlen Sie alle Zutaten gut durch.

**Achtung:** Selbst den knorrigsten Typen wird die Liebenswürdigkeit nur so aus den Poren dringen!

# Glückskörner

*Für alle, die nicht glücklich sind.*

Suchen Sie ein Sonnenblumenfeld in voller Blüte. Stellen Sie sich mitten hinein, und drehen Sie sich einmal um die eigene Achse, um in der Pracht der Blüten zu erstrahlen. Am Ende der Blütezeit, wenn die Köpfe der Sonnenblumen nach unten hängen, kehren Sie wieder zu dem Feld zurück und pflücken die Samenstände, die Sie an einem luftigen Ort zum Trocknen auslegen. Sobald diese knochentrocken sind, rösten Sie die Samen in einem heißen Backofen, bis sie goldgelb sind. Sie werden mit Olivenöl übergossen serviert.

**Achtung:** Machen Sie sich auf ein Wonnegefühl gefaßt.

# Zauberbeutel für Wohlstand

*Für alle, die kein Glück haben, es aber eigentlich verdient hätten.*

Begeben Sie sich auf die Suche nach einem Stück grünen Satin von der Kleidung eines wohlhabenden Adligen. In die Mitte des Stoffstücks legen Sie sieben Linsen, sechzehn Gewürznelken, eine Muskatnuß aus Indien, die Samen eines Granatapfels sowie vier grüne Federn eines exotischen Vogels. Das alles reiben Sie mit Patschuli-Öl ein. Die vier Ecken des Stoffes nehmen sie auf und binden sie mit der Seidenschnur einer königlichen Robe zusammen. Diesen Beutel soll man immer bei sich tragen.

**Achtung:** Wohlstand tritt in mannigfaltiger Form auf.

# Sonnenkuchen

*Für alle, die meinen, über ihnen schwebe eine dunkle Wolke und die Sonne dringe nicht mehr zu ihnen durch.*

Diesen Kuchen backen Sie, wenn die Sonne hoch am Himmel steht und der Mond orange leuchtet.

Stellen Sie aus 200 g weicher Butter, 4 ganzen Eiern und 200-250 g Zucker eine Schaummasse her. Rühren Sie die geriebene Schale von 2 Zitronen unter. Mischen Sie 375 g Mehl mit ½ Päckchen Backpulver, und rühren Sie es mit ein wenig Milch, je nach Bedarf 2-3 Eßlöffel, unter die Schaummasse. Den ganzen Teig geben Sie in eine gut gebutterte und gemehlte Kastenform, streichen ihn glatt und backen den Kuchen bei 180-190 Grad vorsichtig 1 Stunde. Lassen Sie den Kuchen etwas abkühlen, und stürzen Sie ihn dann. Den abgekühlten Kuchen stechen Sie mit einem spitzen Hölzchen mehrmals ein. Dann beträufeln Sie den Kuchen mit dem Saft von 2-3 Orangen und 1 Zitrone. Lassen Sie den Saft jeweils gut einziehen.

Will man die Wirkung dieses Kuchens verstärken, muß man ihn mit Krokant-Schlagrahm servieren:

Schälen Sie 125 g Mandeln oder Nüsse, und schneiden Sie sie blättrig auf. Karamelisieren Sie 80-125 g Zucker in 20 g Butter goldgelb. Geben Sie die vorbereiteten Mandeln oder Nüsse dazu, und rösten

*Sie sie kurz mit. Mischen Sie alles gut mit dem Zucker. Verstreichen Sie die Mischung auf Pergamentpapier, das mit geschmacksfreiem Öl eingestrichen wurde. Lösen Sie die Masse nach ihrem Erkalten ab, und zerkleinern Sie sie durch Klopfen. Mischen Sie den Krokant unter die steifgeschlagene Sahne.*

**Achtung:** *Diejenigen, die diesen Kuchen essen, werden die Sonne in ihrem Herzen spüren und ihre Strahlen auf den Lippen. Alle schwarzen Wolken über der Seele werden verschwinden.*

Mademoiselle J. schrieb, bis die Sonne hinter dem Hügel der »Vergessenen Träume« versank.

Mit dem Sonnenkuchen hörte sie auf, denn er verlieh ihr die Hoffnung, eines Tages zurückzukehren, um die anderen wertvollen Rezepte und die Geheimnisse von »Le Trésor« zu erkunden. Mademoiselle J. sammelte sich und verließ »Le Trésor«, nachdem sie sich noch einmal umgeschaut hatte.

Das Geheimnis von Pistoulet war auf sie übergegangen, und sie war zutiefst dankbar.

Sie fragte sich, wann und wie die rätselhafte Frau auf dem Fahrrad wohl die Geheimnisse entdeckt haben mochte. Sie spürte eine gewisse Seelenverwandtschaft mit ihr. Dann schloß sie die Tür hinter sich und ging zurück nach Pistoulet, dem Schatten des Mondlichts folgend.

In dem wunderschönen, weiten Feld der Echos ruhte sie sich ein wenig aus. Im Flüsterton sprach sie den Namen Pistoulet aus, der daraufhin mit einem gespenstischen, hohlen Klang dreimal wiederholt wurde … Pistoulet, Pistoulet, Pistoulet.

Die Botschaft von »Le Trésor« kam ihr in den Sinn, und sie vernahm die Worte »Liebe ist der Schlüssel zu allem«, die über das Feld hallten.

Ein Gefühl tiefen Friedens kam über sie und mit ihm die Erkenntnis, daß es an der Zeit war, Pistoulet zu verlassen. Der Gedanke trieb ihr Tränen in die Augen, aber es waren keine Tränen der Trauer.

Sollte nur mit den besten Vorsätzen
im Herzen zubereitet werden.

Noch bevor die Sonne über Pistoulet aufging, packte Mademoiselle J. ihre Taschen und dachte liebevoll an all die Erholungsuchenden, an das verrückte Huhn, an Marcel, den großen schwarzen Hund mit dem glücklichen Gesicht, an die singenden Kröten, die Schlangen und vor allem an Madame Claude und Monsieur André. Dann ging sie leise von Pistoulet fort, drehte sich nur einmal um und sagte: »Au revoir, meine Freunde, und merci beaucoup!«

Hoch über ihr segelte ein bunter Heißluftballon der Sonne entgegen.

Meinen bezaubernden Freunden, meiner wundervollen Familie und David, meiner großen Liebe, bin ich für ihre Begeisterung und ihre Unterstützung zu tiefstem Dank verpflichtet.
Besonderer Dank gilt Lena Tabori, die dazu beigetragen hat, daß mein Traum in Erfüllung ging; Susan McMeel, die mein Schutzengel war, und Elena Fallon, die mich an ihrem Wissen teilhaben ließ. Ich danke Mary Tiegreen dafür, daß sie meinen Traum mit mir geträumt und mir geholfen hat, ihn noch farbiger zu gestalten; Linda Sunshine und Alice Wong, daß sie dem Traum eine Fassung gegeben haben; Simon Shah und David Griswold für Pistoulet, die Quelle des Traums; Marce Bloom für ihr großzügiges Herz und Claude und André Dombar für ihren Frohsinn.
Ich widme dieses Buch Bob McDowall und Mickey Mathesias, weil sie stets an mich geglaubt haben, meiner Nichte Lindsay, die ein Leben voll wunderbarer Träume vor sich hat, und meiner Mutter, weil sie mir meinen schöpferischen Geist mitgegeben hat, das größte Geschenk überhaupt.

JFK

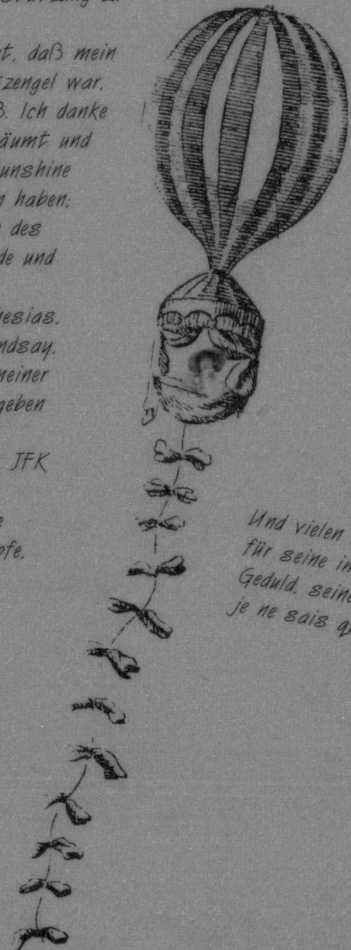

Und vielen Dank an Hubert für seine immerwährende Geduld, seinen Humor und je ne sais quoi.

MT

Wir danken dem Verlag Gräfe und Unzer für die freundliche Genehmigung, Rezepte aus dem Buch »Suppen und Eintöpfe. Kochen – Köstlich wie noch nie« von Annette Wolter für diese Geschichte zu verwenden.

Die Rezepte auf den Seiten 49, 59, 60, 63, 66/67 stammen aus dem von Maria Hofmann und Helmut Lydtin herausgegebenen Grundkochbuch: Bayerisches Kochbuch, © Birken-Verlag München, 54. Auflage.

Meinen bezaubernden Freunden, meiner wundervollen Familie und David, meiner großen Liebe, bin ich für ihre Begeisterung und ihre Unterstützung zu tiefstem Dank verpflichtet.

Besonderer Dank gilt Lena Tabori, die dazu beigetragen hat, daß mein Traum in Erfüllung ging; Susan McNeel, die mein Schutzengel war, und Elena Fallon, die mich an ihrem Wissen teilhaben ließ. Ich danke Mary Tiegreen dafür, daß sie meinen Traum mit mir geträumt und mir geholfen hat, ihn noch farbiger zu gestalten; Linda Sunshine und Alice Wong, daß sie dem Traum eine Fassung gegeben haben; Simon Shah und David Griswold für Pistoulet, die Quelle des Traums; Marc Bloom für ihr großzügiges Herz und Claude und André Dombar für ihren Frohsinn.

Ich widme dieses Buch Bob McDowall und Mickey Mathesias, weil sie stets an mich geglaubt haben, meiner Nichte Lindsay, die ein Leben voll wunderbarer Träume vor sich hat, und meiner Mutter, weil sie mir meinen schöpferischen Geist mitgegeben hat, das größte Geschenk überhaupt.

JFK

Und vielen Dank an Hubert für seine immerwährende Geduld, seinen Humor und je ne sais quoi.

MT

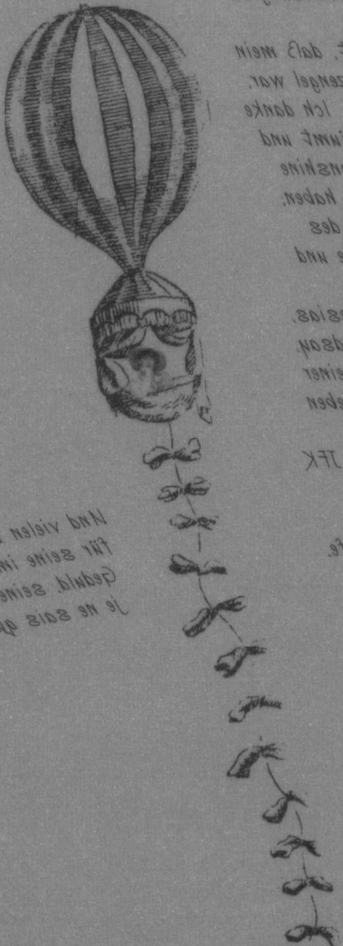

Wir danken dem Verlag Gräfe und Unzer für die freundliche Genehmigung, Rezepte aus dem Buch »Suppen und Eintöpfe. Kochen – Köstlich wie noch nie« von Annette Wolter für diese Geschichte zu verwenden.

Die Rezepte auf den Seiten 49, 59, 60, 63, 66/67 stammen aus dem von Maria Hofmann und Helmut Lydtin herausgegebenen Grundkochbuch: Bayerisches Kochbuch, © Birken-Verlag München, 54. Auflage.

Am nächsten Abend bereiteten Madame Claude und Monsieur André das köstlichste und empfindsamste aller Gerichte zu, das Abschiedsessen. Noch am selben Abend nahmen sie es gemeinsam in der Weinlaube zu sich, tranken viele Gläser Rotwein, erzählten sich viele Geschichten mit Herz, erinnerten sich an die plötzliche Redseligkeit des Schweigsamen, an die frischgebackene Zwillingsmutter, deren Lebensgeister wieder geweckt worden waren, an Herrn und Frau M., die erneut zu Kräften gekommen waren, und an den alleinstehenden Schlawiner, der wahre Liebe gefunden hatte. Schließlich fielen sie in nachdenkliches Schweigen. Sie umarmten sich und wünschten sich eine »Gute Nacht«.

Als sie wieder auf den Bauernhof kam, erzählte sie Madame Claude und Monsieur André, was sie in »Le Trésor« erlebt hatte. Die beiden zwinkerten sich zu, denn sie wußten, daß der Zauber von Pistoulet nun auch Mademoiselle J. verwandelt hatte und daß sie den Geist der Frau auf dem alten Foto erfahren hatte. Obwohl Mademoiselle J. ihnen fehlen würde, waren auch sie der Ansicht, daß Mademoiselle J. sich ähnlich wie ihr Gastgeber Monsieur Simon auf den Weg machen mußte, um als Botschafterin des guten Geistes und des Mitgefühls viele Länder zu bereisen.

*Friede allen Lebewesen, den großen und den kleinen*